BEI GRIN MACHT SICH IHR WISSEN BEZAHLT

AF136273

- Wir veröffentlichen Ihre Hausarbeit, Bachelor- und Masterarbeit

- Ihr eigenes eBook und Buch - weltweit in allen wichtigen Shops

- Verdienen Sie an jedem Verkauf

Jetzt bei www.GRIN.com hochladen und kostenlos publizieren

Risikomodelle zum Einfluss von Arbeitsbedingungen auf den Gesundheitszustand. Stressmodell nach Lazarus sowie das grundlegende ICF

Silke Brunner

Bibliografische Information der Deutschen Nationalbibliothek:

Die Deutsche Nationalbibliothek verzeichnet diese Publikation in der
Deutschen Nationalbibliografie; detaillierte bibliografische Daten sind
im Internet über http://dnb.d-nb.de abrufbar.

ISBN: 9783346647184
Dieses Buch ist auch als E-Book erhältlich.

Druck und Bindung: Books on Demand GmbH, Norderstedt Germany
Gedruckt auf säurefreiem Papier aus verantwortungsvollen Quellen

Das vorliegende Werk wurde sorgfältig erarbeitet. Dennoch
übernehmen Autoren und Verlag für die Richtigkeit von Angaben,
Hinweisen, Links und Ratschlägen sowie eventuelle Druckfehler keine
Haftung.

Das Buch bei GRIN: https://www.grin.com/document/1215788

Einsendeaufgabe

Alternative B

Modulverantwortlicher Professor: Prof. Dr. Ricardo Baumann

SRH Fernhochschule

Modul: Einführung in die Rehabilitationspsychologie (BEREPS)

Studiengang: 171 B.Sc. Psychologie

Verfasserin:

Silke Dorothee Brunner

Abgegeben am 31. Januar 2022

Inhaltsverzeichnis

Inhaltsverzeichnis 2

Abkürzungsverzeichnis 3

Abbildungsverzeichnis 4

Anlagenverzeichnis..4

1   Textteil zu Aufgabe 1...5

2   Textteil zu Aufgabe 2...10

3   Textteil zu Aufgabe 3...15

Anlagen 24

Literaturverzeichnis 25

Abkürzungsverzeichnis

AC	Assessmentcenter
BDI	Beck-Depressions-Inventar
HR	Human Ressource
ICF	International Classification of Functioning, Disability and Health; Internationale Klassifikation der Funktionsfähigkeit, Behinderung und Gesundheit
ICF-CY	International Classification of Functioning, Disability and Health for Children and Youth; Internationale Klassifikation der Funktionsfähigkeit, Behinderung und Gesundheit bei Kindern und Jugendlichen
ICIDH	International Classification of Impairments, Disabilities and Handicaps; Internationale Klassifikation der Funktionsfähigkeit und Behinderung
EFI	Effort-Reward-Imbalance
JCQ	Job Content Questionaire
JDC	Job Demand-Control
JDR	Job-Demands-Resources
MBSR	Mindfulness Based Stress Reduction
MBOR	Medizinisch beruflich orientierten Rehabilitation
PME	Progressive Muskelentspannung nach Jacobsen
SGB IX	Neuntes Buch des Sozialgesetzbuches Rehabilitation und Teilhabe behinderter Menschen
WHO	World Health Organization; Weltgesundheitsorganisation

Abbildungsverzeichnis

Abbildung 1: Dynamische Wechselwirkung zwischen den Komponenten der ICF die eine Person in Funktionsfähigkeit und Gesundheitsstatus beeinflussen. 7

Abbildung 2: Phasen des transaktionalen Stressmodells nach Lazarus und Folkman. 14

Abbildung 3: Die 4 Quadranten des Job-Strain-Modells. 17

Abbildung 4: Das Effort-Reward-Imbalance Modell. 19

Abbildung 5: Das Job Demands-Resources Modell unterscheidet nach Anforderungen und Ressourcen. 21

Anlagenverzeichnis

Anlage 1: Score der ICF. 25

1 Textteil zu Aufgabe 1

Der erste Teil dieser Einsendeaufgabe befasst sich mit dem Verständnis der Internationalen Klassifikation der Funktionsfähigkeit, Behinderung und Gesundheit (ICF). Als theorie- und handlungsleitender Wegweiser für die Rehabilitation wird ihr Nutzen anhand eines Fallbeispiels beschrieben.

Das Klassifikationsmodell und seine Notwendigkeit

2001 gab die WHO bekannt, dass sich 191 Mitgliedsstaaten auf einen neuen Standard zur Beschreibung und Messung von Gesundheit und Behinderung geeinigt haben: die ICF *(engl.: International Classification of Functioning, Disability and Health)*. Fortan fand ein Paradigmenwechsel hin zur ganzheitlichen Sichtweise auf Menschen mit Behinderung und Defiziten statt. In den Fokus wurden Komponenten der Gesundheit gerückt; Fähigkeiten und Wünsche von Menschen als auch deren Umweltfaktoren und soziale Aspekte wurden mitberücksichtigt (WHO, 2002). Im Sinne der ICF ist Behinderung im Positiven nur eine Teilhabeproblematik (Wolf-Kühn & Morfeld, 2016, S. 28). Das biopsychosoziale Modell deckt den gesamten Lebenshintergrund der betroffenen Person ab und ist damit viel umfassender als sein Vorgänger, das ICIDH *(engl.: International Classification of Impairments, Disabilities and Handicaps)*. Letzteres ist eine Klassifikation auf Krankheitsfolgen und hat nur eine eindimensionale Sichtweise (Ostholt-Corsten, 2021, S. 14). Den Perspektivenwechsel und die Inklusion verschiedener Ebenen im ICF drückt das folgende Zitat trefflich aus: „The question is not just ‚is one disabled?' but rather ‚disabled for what?'" (Chatterji & Üstün, 1998; zitiert nach Meyer, 2004, S. 23). Als eines der international relevanten Klassifikationsmodelle gehört die ICF zur WHO Familie internationaler Kodiersysteme, von denen das ICD-10[1] das wohl bekannteste ist. Allerdings hat man festgestellt, dass eine Diagnose allein nicht das genaue Leistungsspektrum für die akute Krankheitssituation, und viel weniger noch für die Situation zurück im Alltag vorhersagen kann. Eine Gesundheitsplanung im privaten Alltag oder im Berufsleben ist ferner auch nicht möglich. Gleichzeitig stieg die Zahl chronisch Kranker und (schwerst-)behinderter Menschen in den letzten Jahren, deren Begleitmaßnahmen und Kompensationen strukturiert organisiert werden sollten (Meyer, 2004, S. 11; WHO, 2002, S. 4). Im ICF werden neu die Auswirkungen einer Erkrankung der betroffenen Person mit Fokus auf deren Funktionsfähigkeit und Teilhabe im sozialen Umfeld kodiert. Es wird festgelegt, was für jene Person trotz Defiziten in Zukunft möglich ist, wo Schwierigkeiten sowie Einschränkungen entstehen könnten. Die ICF ist damit individueller und in positiver Form auf den Betroffenen abgestimmt (Meyer, 2004, S. 19, 23). Dank der ICF können statistische Kennzahlen wie Prävalenz und Inzidenz nicht tödlicher

---

[1] Einheitliches Tool der Diagnosestellung für ein Gesundheitsproblem bzw. Klassifikation von Krankheiten (Meyer, 2004, S. 23).

Krankheiten erfasst werden, um zuverlässig Leistungen aus dem Gesundheitssystem planen und evaluieren zu können (WHO, 2002, S. 4). Da disziplinübergreifend gearbeitet werden kann, dient es in der Rehabilitation als unbedingter Wegweiser, um Therapie und Unterstützungsplanungen aufzugleisen (Wolf-Kühn & Morfeld, 2016, S. 25). Nichtsdestotrotz ergänzen sich ICF und ICD-10; es wird empfohlen, sich beiden zu bedienen, um ein aussagekräftigeres Gesamtbild einer Person bekommen zu können (WHO, 2002, S. 3). Da Kinder und Jugendliche andere Kontextfaktoren haben wie Erwachsene, wurde für sie eine eigene ICF-CY *(engl.: Children-Youth)* Version entwickelt. Sie berücksichtigt kindliche Entwicklungsstadien und insbesondere Kontextfaktoren von Schule und Familie (Wolf-Kühn & Morfeld, 2016, S. 26).

Aufbau

Die ICF besteht aus zwei Teilen mit je zwei Komponenten. Der erste Teil bezieht sich auf Funktionsfähigkeit und Behinderung mit den Komponenten Körperfunktionen und -strukturen, Aktivitäten sowie Partizipation. Mit letzterem ist die Teilhabe einer Person gemeint, sprich inwiefern sie in unterschiedliche Lebenssituationen, wie Familienleben oder Berufsleben, mit einbezogen ist (DIMDI, 2012, S. 11–12). Aktivität ist die Durchführung einer konkreten Aufgabe oder Handlung bis hin, was die Person „höchstmöglich tun könnte", wenn sie es wollen würde (Ostholt-Corsten, 2021, S. 16). Teil zwei nimmt die Kontextfaktoren auf und unterteilt sie in Umweltfaktoren sowie personenbezogene Faktoren. Unter Umweltfaktoren werden alle äußeren materiellen oder sozialen Einflüsse verstanden (DIMDI, 2012, S. 11–12). Mit personenbezogenen Faktoren bezieht sich die ICF auf Faktoren der Person selbst, wie Geschlecht, Alter, als auch auf ihre Lebensführung. Jene Faktoren können genetische Dispositionen sein aber auch Ergebnisse aus Erziehung oder kulturellen Gegebenheiten. Wichtig ist, dass diese Faktoren nicht Teil des Gesundheitsproblems sind (Ostholt-Corsten, 2021, S. 17). Die Komponenten von Gesundheit im ICF können die Funktionsfähigkeit negativ oder positiv beeinflussen. Den einzelnen Elementen der Ebenen können daher Beurteilungsmerkmale zugewiesen werden. Die Scores reichen von 0 (Problem nicht vorhanden) bis 9 (nicht anwendbar) (Baumann, 2019, S. 24). Eine Übersicht der Beurteilungsmerkmale für Ausmaß und Größe des Problems finden sich in Anlage 1. Die bis zu vier Gliederungsebenen enthalten immer ausführlichere Informationen. Der jeweilige Score gibt zusätzlich den Schweregrad der Beeinträchtigung an. Von der hierarchischen Struktur her sind die zwei Teile der ICF in Kapitel untergliedert; diese brechen sich in allgemeine Kategorien bis hin zu detaillierten Subkategorien auf. Je länger der Kode, umso spezifischer ist die jeweilige Kategorie beschrieben. Mit ihrem alphanumerischen System benutzt die ICF vier Buchstabenkürzel: *b* für Körperfunktionen, *s* für Körperstrukturen, *d* für Aktivitäten und schließlich ist Partizipation als Teilhabe mit *e* abgekürzt. In der Praxis wird meist die zweite Gliederungsstufe mit einem dreistelligen Kode für eine Fallbeschreibung verwendet. Die stärker detaillierte Ebene darunter wird eher für spezielle Dienste wie bspw. in der Geriatrie verwendet, wohingegen die weniger detaillierte zweistellige Ebene im Krankenhausbereich für bspw. Ergebnisevaluationen angewandt wird. Generell sind die ICF-Kodes nur in Verbindung mit den Scores als Beurteilungsmerkmale vollständig (DIMDI, 2012, S. 25–28).

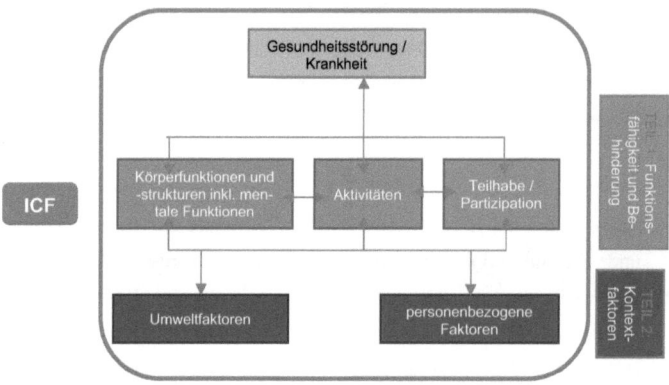

Abbildung 1: Dynamische Wechselwirkung zwischen den Komponenten der ICF, die eine Person in Funktionsfähigkeit und Gesundheitsstatus beeinflussen.
(Quelle: Eigene Darstellung, in Anlehnung an Ostholt-Corsten, 2021, S. 16)

Vor- und Nachteile

Die Berücksichtigung der Kontextfaktoren und Ressourcen einer Person im ICF ist der große Fortschritt und Pluspunkt gegenüber Vorgängermodellen. Das biopsychosoziale Modell richtet den Fokus weg von medizinischen Defiziten hin zu Teilhabe, Zielen, Potentialen und damit Gesundheit. Gleichzeitig berücksichtigt es die Wechselwirkung jener unterschiedlichen Komponenten zur Gesundheit. Das Klassifikationssystem wurde für verschiedene Anwendungsbereiche länderübergreifend entwickelt. Dank der ICF lässt sich damit international eine einheitliche Sprache bezüglich des Gesundheitszustandes und der damit verbundenen Interventionen aus verschiedenen Bereichen sprechen (DIMDI, 2012, S. 6–7). Neben der medizinischen Diagnostik und Einsatz störungsspezifischer Tests kann mit der ICF eine umfassende Bedarfsermittlung und -planung gemacht werden. Für die Rehabilitation ist mit der ICF von Vorteil, dass auch berufsbezogene Aspekte dank psychometrischer Testverfahren erfasst werden (Wenzel & Morfeld, 2016, S. 1126 - 1127). Als weiterer Meilenstein, wurden in Deutschland 2001 zentrale Aspekte und damit auch die geänderte Sichtweise hin zur Teilhabeorientierung ins SGB IX aufgenommen. Als sozialpolitisches Instrument können damit etwaige Entschädigungen aus Quellen unterschiedlicher Leistungsträger begründet werden (Ostholt-Corsten, 2021, S. 15). Leider weisen Kritiker darauf hin, dass die ICF nicht explizit im SGB erwähnt wird, sondern nur im Kontext von „Funktionsbezogen" und folglich nicht verbindlich oder vor Gericht haltbar ist (Wenzel & Morfeld, 2017, S. 386). Nichtsdesto-trotz ist gerade die disziplinübergreifende Eigenschaft zur Nutzung im Gesundheitswesen, in Forschung, in Politik oder als statistisches Instrument zur Erfassung und Vergleich von gesundheitsrelevanten Bevölkerungsdaten ein großer Vorteil (DIMDI, 2012, S. 6–7). Die ICF hat sich zudem sehr bemüht, durch Aufnahme auch Ethischer Leitlinien Behindertenrechte zu stärken und für wichtige Ziele für Menschen mit Behinderung, wie ihre Wahlmöglichkeit oder eigene Kontrolle, einzutreten (Meyer, 2004, S. 67). Gerade jener Vorteil des breiten Nutzungsspektrums und ihre multidimensionale Betrachtungsweise, als wichtige Weiterentwicklung zum Vorgängermodell, birgt die Herausforderung, unterschiedlichen Akteuren gerecht zu werden (Wenzel & Morfeld, 2016, S. 1126 - 1127). Ungünstig am Mehrzweckklassifikationssystem ist die nicht selbsterklärende Handhabung. Wolf-Kühn & Morfeld (2016) bezeichnet es als "kein intuitiv verständliches Konzept" (S. 25). Als Weiterentwicklung könnte man über ein Stichwortverzeichnis nachdenken, um die Verortung bspw. bestimmter Einzelaktivitäten einfacher auffindbar zu machen. Ein weiterer Nachteil ist, dass bestimmte Tätigkeiten zur Selbstbeschäftigung in der ICF nicht aufgeführt sind: z.b. Fernsehen oder Musik hören. Andere Aktivitäten, die in die gleiche Richtung zielen, sind so eingeordnet, dass sie nicht sofort auffindbar sind: z.B.: „zur eigenen Erbauung lesen" ist unter „Kunst und Kultur" eingeordnet.

Abschließend sollte erwähnt werden, dass ein gesetzter Kode nur eine Momentaufnahme ist. Um eine Entwicklung im Zeitverlauf erkennen zu können, empfiehlt sich die Beschreibung zu mehreren Zeitpunkten zu wiederholen. Jene Momentaufnahme im Zusammenhang mit den strikt formulierten Beurteilungsmerkmale birgt den Nachteil, dass unregelmäßige Tagesschwankungen einer Person mit unterschiedlichen Leistungsschwankungen oder Leistungsabbau im Laufe einer Aktivität nicht kodiert werden. Gerade für Personen mit schweren Behinderungen oder für bestimmte Erkrankungen ist letzteres gern und gebe. Eine genauere Aussage über Funktionen, die evtl. nur zeitweise erreicht werden wenn jene Person ein Hoch hat, wären wünschenswert (Meyer, 2004, S. 37-38, 50).

Fallbeispiel

Die Konstrukte und Nutzen der ICF sollen im folgenden fiktiven Fallbeispiel erläutert werden: *Herr P, 45 Jahre alt, war im Controlling im mittleren Management einer großen Firma angestellt. Über die Jahre wurde der Arbeitsdruck immer stärker, und aufgrund von Sparmaßnahmen und Personalkürzungen das Arbeitsklima rauer. P war Mobbing ausgesetzt und fühlte sich zunehmend gestresst. Dies wirkte sich auf sein Privatleben aus. P hatte nur noch ‚seine Arbeit im Kopf'; sein soziales Netzwerk vernachlässigte er und seinen Hobbies ging er nicht mehr nach. Seine Stimmung wurde schlechter. Dies gipfelte, als er aufgrund*

Rationalisierungsmaßnahmen entlassen wurde und seine Frau sich um die gleiche Zeit herum scheiden ließ. P wurde antriebslos, seine Stimmung war gedrückt und er isolierte sich immer weiter. Bemühungen, einen neuen Job zu bekommen scheiterten. Die Stellenabsagen drückten noch mehr auf seine negative Stimmung. P hatte keine Energie mehr, was schließlich in eine schwere Depression mündete. Den Tagesablauf konnte er nicht mehr allein bewältigen und Herr P wurde letztendlich berufsunfähig; dies nun seit 5 Jahren.

Die verordnete medizinisch beruflich orientierten Rehabilitation (MBOR) für P, als Initiative der Rentenversicherungsträger, zielt primär darauf ab, die Rückkehrwahrscheinlichkeit für P an einen Arbeitsplatz zu erhöhen (Adam-Keßler & Köllner, 2021, S. 324). Die Rehabilitation für P erfolgt im Sinne des biopsychosozialen Modells. Im Unterschied zu einem Krankenhausaufenthalt, sollen in der Rehabilitation die Krankheitsfolgen reduziert und für P insbesondere die zukünftige Teilhabe am Arbeitsleben wieder ermöglicht werden. Dafür wird ein interprofessioneller Behandlungsansatzes des Reha-Teams benötigt, die P begleiten (Gündel, Hildenbrand & Köllner, 2021, S. 20). Mit der MBOR soll eine Frühberentung von P – die bei Männern mit psychischen Erkrankungen bei rund 1/3 liegt – vermieden werden (Buruck, Nebel, Richter & Wolf, 2011, S. 25). Für eine erfolgreiche Rehabilitation ist eine umfassende Problemanalyse in Anlehnung an die medizinische Diagnose von P erforderlich. Depression ist aktuell die häufigste psychische Erkrankung in Rehabilitationseinrichtungen, die auch bei P anhand geeigneter Screening- und valider psychologischer Testverfahren, wie dem BDI, festgestellt wurde (Baumann & Schröder, 2019, S. 19). Ein Behandlungspfad bildet den Behandlungsprozess eines Rehabilitanden ab und berücksichtigt sämtliche Kontextfaktoren im Sinne der ICF. Es ergeben sich damit Partizipationsziele oder auch sogenannte Zielkategorien. Diese teilen sich in die Bereiche ‚Wohnen‘, ‚soziokulturelles Leben‘ und ‚Arbeit‘ auf. Auch wenn nach einem standardisierten Plan vorgegangen wird, sind Teilprozesse dennoch individuell auf P angepasst. Idealerweise können durch Rückkoppelungsprozesse auch Qualitätskontrollen vorgenommen werden. Für P stehen aufgrund der medizinischen Diagnose der Depression eine Psychotherapie und berufsbezogene Therapieangebote im Vordergrund. Die multimodale Behandlungsstruktur der MBOR sieht Bestandteile wie berufsbezogene Gruppentherapie, kognitiv ausgerichtete Arbeitstherapie inkl. der Stärkung arbeitsplatzbezogener Ressourcen vor. Um eine nachhaltige berufliche Integration von P sicher zu stellen, finden des Weiteren produktorientiertes Arbeiten, Arbeitsplatztraining, Hilfen zur Rückkehr in den Beruf und berufsbezogene Beratungen einen Platz in seinem Therapieplan (Adam-Keßler & Köllner, 2021, S. 324 - 327). Leistungen zur beruflichen Rehabilitation mit dem Ziel der Teilhabe am Arbeitsleben sind für P nach jahrelanger Arbeitslosigkeit von großer Bedeutung. P wird einerseits dabei unterstützt, wieder eine Anstellung zu finden oder es werden ihm gegebenenfalls auch Maßnahmen zur Umschulung angeboten. Letztere können von Berufsbildungs- und -

förderungswerken erbracht werden. Auch psychologische Interventionen in diesem Rahmen hinsichtlich eines etwaigen Statusverlustes oder Rollenwechsel im zukünftigen Berufsleben können für P sinnvoll sein (Farin & Stein, 2009, S. 406). Aufgrund seiner Historie sollte bei P auch eine Diagnostik zur beruflichen Belastung angewandt werden, um etwaige arbeits- und berufsbezogene Stressoren zu erkennen – insofern dies nach 5 Jahren, die nach dem Ausstieg vergangen sind, noch möglich ist. Dennoch kann es wichtig sein, auch damalige berufsbezogene Belastungsfaktoren in der Rehabilitation aufzuarbeiten, die mit seiner Erkrankung in Zusammenhang stehen könnten und auf eine besondere berufliche Problemlage hinweisen, die es in einem neuen Arbeitsumfeld zu vermeiden gilt (Baumann & Schröder, 2019, S. 22). Nach obigen Ausführungen sollten in P's Behandlungspfad unbedingt eine Stärkung bzw. Offenlegung seiner individuellen Ressourcen aufgenommen werden. Diese können kognitiver Natur sein, motorisch-sensorische im Sinne von bspw. Entspannungsübungen, aber auch soziale und emotionale Ressourcen. Ressourcen und Schutzfaktoren sind für eine erfolgreiche Resilienz von P im Alltag und unter möglichen Druck entscheidend. Man nennt jene Vorgehensweise auch Empowerment-Strategie (Jerusalem, 2009, S. 175–178).

Das inter- und transdisziplinäre Team in der Rehabilitation sorgt für eine umfassende Abklärung von P's Situation, auch um Dinge wie die häusliche Selbstversorgung von P sicherstellen zu können. Die Rehabilitationsteams arbeiten vernetzt und entwickeln zusammen mit P mögliche Bewältigungsstrategien, um einen Rückfall bei vergleichbar schwierigen Situationen wie in der Vergangenheit, zu vermeiden (Gmünder, 2015, S. 25–30). Im ganzen Prozess ist es unabdingbar, dass P als aktiver Rehabilitand mitwirkt - ganz im Sinne eines adhärenten Verhaltens. Auch in jener Therapiekooperation gilt es P aktiv zu unterstützen. Die Motivation von P an den aufgegleisten Interventionsmaßnahmen ist grundlegende Voraussetzung für eine erfolgreiche Rehabilitation und Rückführung in den Alltag (Baumeister, 2009, S. 378–379).

2 Textteil zu Aufgabe 2

„Stress is a major factor in human life ..." (Cooper, Quick & Schabracq, 2009, S. 197). Der zweite Aufgabenteil der Einsendeaufgabe befasst sich mit Stress bzw. Stressmodellen zur Verdeutlichung der Entstehungsbedingungen. Dabei wird das transaktionale Stressmodell von Lazarus näher betrachtet. Anhand Interventionen in der Rehabilitation werden abschließend dessen Vor- und Nachteile diskutiert.

Stress

Unter Stress werden physiologische und endokrinologische Veränderungen des Organismus auf Reize verstanden, die mittels unterschiedlicher Indikatoren gemessen werden können (Faltermaier, 2017, S. 87). Für das Verständnis in der Psychologie wird Stress als Prozess gesehen. Bedrohungen oder Herausforderungen können so bewältigt werden (Myers, 2014, S. 525). Übersteigen Anforderungen die Bewältigungs- und Anpassungsressourcen entsteht Stress. Dieser gilt auch als psychosozialer Risikofaktor für Krankheiten. Gerade alltägliche Belastungen, sei es im Feld von Familie, Beruf oder Freizeit, aber auch gedankliche Blockaden, psychosoziale Konflikte oder Spannungen können durch ihre Chronifizierung nachhaltig negative Einflüsse auf die Gesundheit einer Person haben (Kaluza, 2015, S. 43). Hier kommt es auf den entscheidenden Faktor der Bewertung im Prozess an. Letzterer ist somit mehr als ein reines Reiz-Reaktions-Schema (Myers, 2014, S. 525). Diese Erkenntnis erlangte man u.a. aus der Stressforschung. Ihre Anfänge gehen in die 50er Jahre zurück, wo Hans Selye (1956) den Startpunkt für eine Art Siegeszug und Popularisierung von Stress gelegt hat (Faltermaier, 2017, S. 87).

Psychologische Stresstheorie: das transaktionale Stressmodell
Bis heute werden in unterschiedlichen theoretischen Modellen Stresskonzepte beleuchtet. Aufgrund von Stress als Faktor bei der Entstehung von Krankheiten, finden die Modelle auch in der angewandten Psychologie Anwendung. Als eines der wichtigsten und empirisch fundierten Modelle gilt das transaktionale Stressmodell von Richard Lazarus und Susan Folkman (1984), welches bereits in den 1960er Jahren veröffentlicht wurde (Faltermaier, 2017, S. 86–87; Wolf-Kühn & Morfeld, 2016, S. 32). In seinem Modell konnte der amerikanische Emotionsforscher Richard Lazarus die Wichtigkeit der individuellen Bewertung einer Situation deutlich machen (Kaluza, 2015, S. 44). Als dynamisches Modell betont es die Interaktion von Mensch und Umwelt, was in der Namensgebung ‚transaktional‘ verdeutlicht wird (Becker & Bengel, 2009, S. 417).

> What now is stressful for some is not for others. [....] Psychological stress is a particular relationship between the person and the environment that is appraised by the person as taxing or exceeding his or her resources and endangering his or her well-being. (Lazarus & Folkman, 1984, S. 19)

Im vorliegenden Modell ist die subjektive Bewertung der betroffenen Person und der Umgang mit der Situation ausschlaggebend. Lazarus belegte den Einfluss von Kognition zunächst anhand von Laborexperimenten und später dank Befragungsmethoden auch in natürlicher Umgebung (Faltermaier, 2017, S. 92). Aus seiner transaktionalen Stressperspektive verdeutlicht der Forscher, dass zwischen Stressor und Reaktion eine Bewertung bzw. Interpretation, *appraisal (engl.)*, liegt. Auch wenn menschliche Verhalten in Reaktionsmuster nach außen hin ähnlich sind, können sie sich hinsichtlich auslösender Reize und vermittelnder Prozess, die sich im Inneren des Organismus abspielen, unterscheiden. Wie die Person einen Stressor empfindet und wie sie mit der Stresssituation umgeht, sog. *coping process (engl.)*, ist sehr individuell (Morgenroth, 2015, S. 24, 27). Eine mögliche Stressepisode beginnt immer mit einer kognitiven Bewertung. Ein Individuum nimmt im Rahmen von Denkprozessen laufend solche *cognitive appraisals (engl.)* vor. In seinem kognitionspsychologischen Modell geht Lazarus von drei Phasen der subjektiven, kognitiven Bewertung aus (Faltermaier, 2017, S. 93).

Bewertungsphasen

Zunächst wird nach primärer und sekundärer Bewertung unterschieden. Wenn bildlich gesprochen ein Reiz aus der Umwelt durch den Wahrnehmungsfilter einer Person gelangt, tritt ein *primary appraisal (engl.)* ein und die Situation wird bewertet. Hier schätzt das Individuum ab, inwieweit der Stressor sein Wohlbefinden gefährden könnte. Hierzu zählen nach der Theorie der Ressourcenerhaltung (Hobfoll, 1989) auch persönliche Werte, welche evtl. verletzt werden könnten (Erken, Kaluza & Renneberg, 2009, S. 140). Die unterschiedlichen Situationen können am Ende als positiv, irrelevant oder belastend, sprich stressend, wahrgenommen werden. Für den Stressprozess ist letztere Bewertung relevant. Sie wird wiederum in drei Abstufungen eingeteilt, welche unterschiedliche Folgen mit sich bringen (Faltermaier, 2017, S. 93):

1. Schädigung/ Verlust: eigenes Wohlbefinden ist bereits beeinträchtigt.
2. Bedrohung: ein zu erwartender, zukünftiger Schaden.
3. Herausforderung: die potenziell positiven Konsequenzen stehen im Fokus.

Stressauslösende Ereignisse müssen nicht unbedingt mit negativen Emotionen einhergehen. Am deutlichsten wird dies im dritten Fall der Herausforderung. Hier ist das Individuum davon überzeugt, die Situation erfolgreich, positiv beenden zu können; bspw. ein gutes Abschneiden in einer bevorstehenden Prüfung (Morgenroth, 2015, S. 27–28).

Die zweite ‚Stufe' befasst sich mit der Bewertung der Ressourcen. Bei jenem *secondary appraisal (engl.)* schätzt das Individuum – teils auch unbewusst – ab, ob die Situation mit den zur Verfügung stehenden Ressourcen und Möglichkeiten zu bewältigen ist. Die Bewältigungsmöglichkeiten sind eine subjektive Einstellung. Wertvorstellungen, Motivation oder auch persönliche Ziele sind relativ stabile Einflussgrößen der Ressourcenabwägung. Ressourcen können materiellen, physischen, psychischen oder sozialen Charakter haben. Werden die eigenen Möglichkeiten als ungenügend empfunden, folgt eine Stressreaktion. Die Bewältigungstrategie wird immer der Situation und den kognitiven Dispositionen angepasst (Morgenroth, 2015, S. 28–29). Die Namensgebung ‚primär' und ‚sekundär' ist keinesfalls als zeitliche Abfolge zu verstehen. Jene ersten beiden Phasen können zeitgleich oder auch überlappend stattfinden. Mit unterschiedlichen Akzenten kann man sie eher als interaktive Prozesse sehen (Fuchs & Gerber, 2018, S. 30).

Eine Neubewertung und sogenanntes *reappraisal (engl.)* kommt dann zum Tragen, wenn die Person bereits vergebens versucht hat, die belastende Situation zu bewältigen. Sie ist von den ersten beiden Einschätzungsphasen zeitlich unabhängig. Auf Grundlage von neuen Informationen wird nochmals ein Bewertungsprozess durchgeführt (Morgenroth, 2015, S. 28–29). Durch den transaktionalen Charakter von Menschen und Umwelt, sowie stetiger Weiterentwicklung müssen Situationen immer wieder neu bewertet werden. Wird ein zuvor belastendes Ereignis bspw. erfolgreich bewältigt, wird es in Zukunft eher als positiv, herausfordernd wahrgenommen werden – oder andersherum. Eine Erstbewertung kann somit verändert werden (Faltermaier, 2017, S. 94).

Coping

Stressbewältigungsreaktionen werden als *Coping (engl.)* bezeichnet. Neben der kognitiven Bewertung ist *Coping* der zweite zentrale Pfeiler im transaktionalen Stressmodell. Das Individuum lernt hier über Erfolg und Misserfolg geeignete Bewältigungsstrategien zu nutzen, um dem Ziel des eigenen Wohlbefindens wieder näher zu kommen (Faltermaier, 2017, S. 94). „Coping is the process through which the individual manages the demands of the person environment relationship that are appraised as stressful and the emotions they generate" (Lazarus & Folkman, 1984, S. 19, 118). Bewältigungsstrategien werden grundsätzlich in zwei Kategorien unterschieden: problemorientierte und emotionsorientierte Bewältigungsversuche. *Emotionsorientierte* Bewältigungsversuche sind auf die auslösende Emotion gerichtet. Es wird versucht die Emotionen, welche durch die schwierige Situation hervorgerufen wurden, durch eine Gefühlsänderung wieder abzubauen. Ein *problemorientiertes* Coping zielt darauf ab, die stressauslösende Situation zu ändern. Grundlegendes Ziel von Coping ist entweder ein Lösen des Problems oder eine Regulierung von Emotionen, um das jeweilige subjektive Wohlbefinden wieder herzustellen. Hervorzuheben ist, dass dies ein aktiver Prozess des Individuums ist und letzterer den Ausgang einer Situation lenken kann (Erken, Kaluza & Renneberg, 2009, S. 145).

Grundsätzlich sind Copingprozesse von jeweiligen Persönlichkeitsfaktoren oder Lerngeschichte einer Person abhängig (Becker & Bengel, 2009, S. 417). Im Zusammenhang der Rehabilitation ist das Ressourcenkonzept von Antonovsky wichti. Hier sollen Bewältigungsquellen, die beim Rehabilitanden vorhanden sind, aufgedeckt und gestärkt werden. Ressourcen können beispielsweise aus einem sozialen Netzwerk kommen oder personale Ressourcen, wie Kohärenzgefühl und Selbstwirksamkeitserwartung, sein (Wolf-Kühn & Morfeld, 2016, S. 41, 42). Studien zeigen, dass im beruflichen Umfeld problemorientiertes Coping dominiert, während im Zusammenhang mit Gesundheit vermehrt emotionsorientiertes zu sehen ist (Burger, 2020, S. 16). Im Stressprozess sind kognitive Bewertungen und die Bewältigung letztendlich Stellschraube dafür, ob psychische Belastungen negative gesundheitliche Auswirkungen haben (Faltermaier, 2017, S. 94).

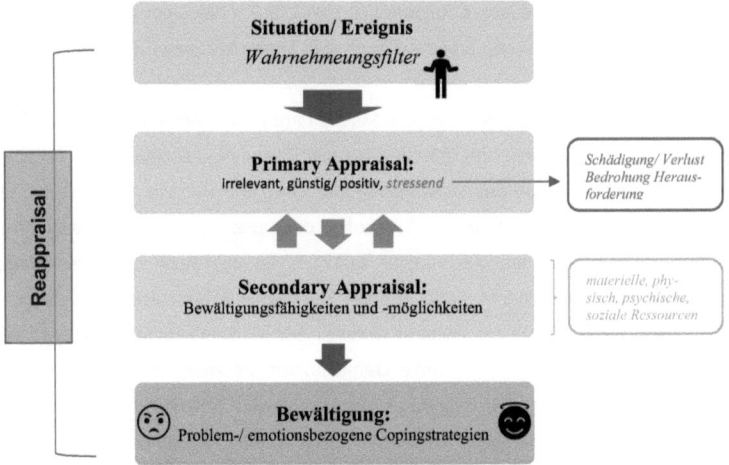

Abbildung 2: Phasen des transaktionalen Stressmodells nach Lazarus und Folkman. (Quelle: Eigene Darstellung, in Anlehnung an Bamberg, Keller, Wohlert & Zeh, 2006; Wolf-Kühn & Morfeld, 2016, S. 36)

Pro und Contra

Positiv hervorzuheben ist, dass Lazarus mit seinem Modell von einem sich ständig wandelbaren, dynamischen Prozess ausgeht. Lazarus geht nicht von zwingendem Erfolg des Bewältigungsprozesses aus, was ihn von anderen Stresstheorien unterscheidet. Es reichen allein schon die Bewältigungsversuche eines Individuums, sich in irgendeiner Weise mit der herausfordernden Situation auseinander zu setzen. Einschätzungen und Anforderungen an eine Person ändern sich ständig, weshalb das Modell sehr gut für Interventionen in der Rehabilitation anwendbar ist. Heute weiß man, dass mögliche Krankheitsfolgen einer Person stark von dessen Coping-Fähigkeiten abhängen, wie ein Stressor ‚gelöst‘ wird. ‚Erfolg‘ ist bestimmt durch eigens entwickelte, gewählte Lösungsstrategien. Der Rehabilitand reagiert aktiv und ist nicht ‚passiv ausgeliefert‘. Er kann beispielsweise neue Bewältigungsstrategien lernen oder verdeckte Ressourcen wieder erkennen und anwenden. Entspannungsverfahren wie PMR aber auch stressreduzierende Praktiken wie MBSR, Achtsamkeitsübungen oder andere ressourcenaufdeckende Methoden können hier helfen (Lyubomirsky, 2013, S. 124-124). Dadurch wirken zuvor stressauslösende Situationen in Zukunft nicht mehr belastend. Weiteres positives Merkmal und passend auf die Rehabilitation übertragbar, ist die Betonung der kognitiven

14

Strukturen im Modell. Gerade im Sinne der heute gültigen Adhärenz, wird in einer Therapiebeziehung von einem aktiven und selbstbestimmten Patienten ausgegangen. Letzterer unterstützt den Therapieverlauf (Noyon & Heidenreich, 2013, S. 76, 88). Dank jenem Empowerment steigt nicht nur die Zufriedenheit, sondern auch der Therapie-, sprich Rehabilitations-Erfolg (Baumann, 2019, S. 48).

Gerade die dynamische Wechselwirkung im Modell birgt auch einen kritischen Teil. Das Individuum orientiert sich auf kognitiver oder emotionaler Ebene neu. Schwierig ist hier allerdings der empirische Nachweis, ob das Bewältigungsbemühen wirksam war. Man ist noch dabei, verlässliche Wege zu finden, veränderte Emotionen oder eine Reduktion des Problemniveaus reliabel und valide zu messen (Faltermaier, 2017, S. 95–96). Auch was eine *erfolgreiche* Krankheitsbewältigung ausmacht, kann je nach Sichtweise unterschiedlich ausfallen (Wolf-Kühn & Morfeld, 2016, S. 40). Ein weiterer Nachteil des Modells liegt in seiner sehr individuumszentrierten und subjektiven Sichtweise. Damit bleiben objektive Stressfaktoren außen vor. Ein Rehabilitand kann sich möglicherweise missverstanden fühlen, in dem Sinn, dass sein Leiden nicht ernst genommen wird (Baumann, 2019, S. 48). Die Betonung der subjektiven Sichtweise birgt zudem die Gefahr einer Art Erwartungsdruck, stets positiv denken zu müssen. Dies kann, erst recht für chronisch Erkrankte, nachteilig sein (Wolf-Kühn & Morfeld, 2016, S. 37). Aber auch aus arbeitspsychologischer Sicht entsteht Stress nicht nur aufgrund von bedingungs- oder personenbezogenen Faktoren. Oft beeinflussen ungünstige Gegebenheiten im Arbeitsumfeld die Person negativ. Dies kann auch auf eine Rehabilitationseinrichtung oder Person in einer beruflichen oder medizinischen Rehabilitation übertragen werden. Stress kann dann ‚unverschuldet' entstehen oder Bewältigungsstrategien können erst gar nicht greifen. Allgemein kann es für einen Rehabilitanden in einem ambulanten Rehabilitations-Setting oder im Alltag zudem schwer sein, unter herrschendem Zeitdruck adäquat zu reagieren, d.h. seine Bewältigungsstrategien werden negativ beeinflusst. Zurück im Alltag mit Familie, Beruf und sozialem Umfeld werden zeitliche Ressourcen oft knapp und die erlernten Ressourcen-Quellen aus der Rehabilitation können nicht mehr täglich oder im gewünschten Ausmaß erlebt werden. Der Rehabilitand kommt in eine Negativspirale: Er reagiert durch den Druck und ‚den Wald vor lauter Bäumen nicht mehr sehen' mit Ärger und Stress. Schließlich kann er selbst zum sozialen Stressor für seine Mitmenschen werden (Bamberg, Keller, Wohlert & Zeh, 2006, S. 11, 15-16).

3 Textteil zu Aufgabe 3

Veränderungen in der modernen Arbeitswelt westlicher Industrienationen seit Beginn der 90er Jahre brachten nicht nur wirtschaftlichen Aufschwung, sondern auch einen Anstieg psychosozialer Arbeitsbelastungen und stressbezogene Erkrankungen mit sich (Preckel, 2005, S. 5).

Wie im zweiten Aufgabenteil der vorliegenden Einsendeaufgabe erläutert, entsteht Stress aufgrund eines Ungleichgewichts zwischen Anforderungen aus Umwelt und Ressourcen einer Person. Dies gilt auch für Situationen am Arbeitsplatz. Der dritte Aufgabenteil dieser Arbeit beschäftigt sich mit jenen Einflüssen von Arbeitsbedingungen auf Gesundheit bzw. Krankheit. Dafür werden drei empirisch gut belegte Risikomodelle vorgestellt und ihre Anwendbarkeit für Prävention und Rehabilitation besprochen.

Job Demand-Control Modell

Das Job Demand-Control Modell (JDC) geht auf Robert Karasek (1979) zurück und ist auch unter dem Namen Job-Strain-Modell bzw. der deutschen Bezeichnung des Anforderungs-Kontroll-Modells bekannt (Hamborg, Holling & Greif, 2003, S. 156; Nerdinger, Blickle & Schaper, 2019, S. 578). Es unterscheidet zwischen zwei unabhängigen Dimensionen: Arbeitsanforderungen (*demands*) und Entscheidungsspielraum (*control*) (Hoppe, Kauffeld & Ochmann, 2014, S. 316). Für Karasek beeinflusst das Zusammenspiel von psychischen Anforderungen, die Karasek eher als Belastung im negativen Sinne versteht, sowie dem Grad des Entscheidungsspielraums am Arbeitspatz den Gesundheitsstatus einer Person (Schaper, 2019, S. 578). Um die Dimensionen des Modells in der Praxis erfassen zu können, behilft man sich dem Job Content Questionaire (JCQ). Letzterer erfasst das JDC Kernmodell mit seinen zwei Dimensionen über 18 Items (Friedel, 2002, S. 91). Nachfolgende Abbildung 3 zeigt das Risikomodell mit seinen vier Quadranten als mögliche Kombinationen von Anforderungshöhe und Kontrollmöglichkeiten, die eine Tätigkeit ausmachen können.

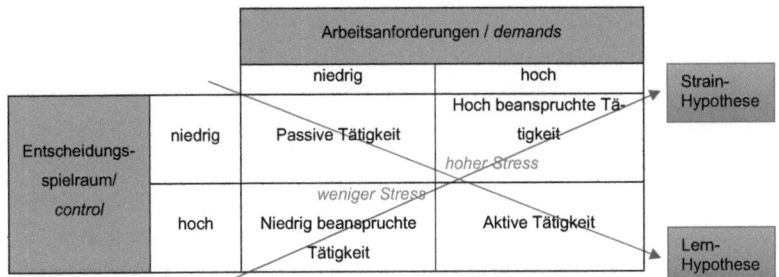

Abbildung 3: Die 4 Quadranten des Job-Strain-Modells.
(Quelle: Eigene Darstellung, in Anlehnung an Kauffeld, 2014, S. 317; Nerdinger et al., 2019, S. 578; Niemann, 2019, S. 15)

Abbildung 3 macht den unterschiedlichen, potenziellen Stresslevel deutlich. Die Wahrscheinlichkeit für ein Stress- und Beanspruchungsempfinden ist bei hoher Belastung und gleichzeitig geringem Entscheidungsspielraum erhöht. Karasek bezeichnete jene Situation als *Job-Strain* bzw. spricht man in der Wissenschaft von der *Strain-Hypothese*, die auf lange Sicht ein erhöhtes Risiko an koronaren Erkrankungen oder psychosomatischen Störungen mit sich bringt (Nerdinger et al., 2019, S. 578). Nach jenem Modell ist ein größtmöglicher Lernprozess dann gegeben, wenn Anforderungen hoch sind und gleichzeitig auch ein hoher Entscheidungsspielraum gegeben ist; dies entspricht der sogenannten *Lern-Hypothese* (Kauffeld, 2014, S. 316). In Abbildung 3 ist jene Kombination als aktive Tätigkeit gekennzeichnet. Die Person hat bei dieser Konstellation die Möglichkeit, verschiedene Bearbeitungsstrategien zu testen, um langfristig bei der effizientesten zu bleiben. Ihr Arbeits- bzw. Lernstil wird laufend optimiert und ihre Tätigkeit als positive Herausforderung gesehen, die zudem eine Ressourcenquelle sein kann. In dieser Konstellation der zwei Dimensionen wächst nicht nur die Leistungsfähigkeit einer Person, sondern auch deren Motivation (Hamborg, Holling & Greif, 2003, S. 157-158).

Das JDC-Modell findet breite Resonanz in der Wissenschaft; so ist insbesondere die Strain-Hypothese empirisch gut fundiert und Ankerpunkt in Arbeits- und Organisationspsychologie oder Prävention und Rehabilitation. Das Modell belegt bis heute gültige Einflussfaktoren von Arbeitsstress auf Gesundheit – sowohl kurzfristige Effekte, als auch langfristige Auswirkungen „psychophysiologischer Beanspruchungsreaktionen" (Hamborg et al., 2003, S. 164). Die gegenteilige Annahme der Lern-Hypothese aus dem JDC findet weniger empirische Unterstützung. Dennoch lehnen sich einzelne Studien an letztere an, und kommen mit Empfehlungen wie einem flexiblen Jahresarbeitszeitmodell für Arbeitnehmende auf (Kauffeld, 2014, S. 316). Besteht in jener Konstellation der Dimensionen eine Balance zwischen *control* und *demands*, steigt nicht nur die Arbeitszufriedenheit, auch der Krankenstand weist ein erstrebenswertes, nur durchschnittliches Niveau auf (Hamborg et al., 2003, S. 158). Aufgrund Karaseks' Fokus auf koronaren Herzerkrankungen, liefert sein Modell fundierte empirische Evidenz für Risiken dafür. Allerdings ist kritisch anzumerken, dass sich viele Studien hier in der Arbeitsplatzbeschreibung eher breit halten; es fehlt an eng eingegrenzten Angaben der genauen Arbeitsbedingungen (Friedel, 2002, S. 93, 98-99). Belastungskonstellationen im heute dominierenden Dienstleistungssektor werden bspw. kaum berücksichtigt (Friedel, 2002, S. 98-99). Neuere Untersuchungen für die IT-Branche von 2004 zeigen bei Karaseks' Lern-Hypothese gar einen gegenteiligen Effekt von erhöhten Burnout-Symptomen bei Arbeitnehmern, da hier ein hoher Entscheidungsspielraum eher Unsicherheit hervorruft (Nerdinger et al., 2019, S. 578). Auch wenn der einfache Aufbau des Modells vorteilhaft sein mag, birgt dies gleichzeitig einen weiteren Kritikpunkt: *Nur* zwei Dimensionen als Einflussfaktoren im Arbeitsumfeld sind eine sehr beschränkte Sichtweise. Soziale Ressourcen werden außen vor gelassen, genauso wie die Komponenten der Selbstwirksamkeit oder Qualifikation, welche die Gesundheit beeinflussen können (Nerdinger et al., 2019, S. 579; Niemann, 2019, S. 16).

Effort-Reward-Imbalance Modell

Als Erweiterung des JDC-Modells, richtet das Effort-Reward-Imbalance Modell (ERI) nach Siegrist (1996) den Fokus weg von allein externen Risikofaktoren, hin zu Eigenschaften einer Person mit dessen innerem Empfinden und Wahrnehmung. Arbeitsbedingungen werden nicht nur bewertet, sondern darüber hinaus noch in Frage gestellt, ob es auch lohnt (Nerdinger et al., 2019, S. 579). Im Allgemeinen strebt ein Mensch nach innerer Ausgeglichenheit. Jene Reziprozität ist im ERI-Modell zentraler Ansatz. Reziprozität bedeutet, „pos. oder neg. Handlungen einer anderen Person in gleicher Weise zu erwidern" (Wirtz, 2017, S. 1448). Im Sinne einer sozialmedizinischen Perspektive, auf die das ERI beruht, ausgedrückt: „Social reciprocity is characterized by mutual cooperative investments that can be understood as a process of exchange in which the norm of return expectancy is reflected in efforts being recompensed with appropriate rewards." (Preckel, 2005, S. 12).

Besteht eine längerfristige Dysbalance zwischen Geben und Nehmen, d.h. entspricht die erbrachte Leistung nicht der erwarteten Belohnung, kommt es zu sogenannten *Gratifikationskrisen*, welche die Gesundheit nachhaltig negativ beeinflussen (Buruck et al., 2011, S. 40). Das Prinzip der sozialen Reziprozität ist auch dann verletzt, wenn sich auf der ‚Geben-Seite' ein anhaltendes vermindertes Wohlempfinden, negative Emotionen und Stress etablieren (Preckel, 2005, S. 12). Buruck et al. (2011) spricht bei Verletzung der Reziprozität auch von „Anerkennungskränkung mit erhöhten Erkrankungsrisiken" (S. 42). Die Forscher konnten aufzeigen, dass die Konstellation von großer Anstrengung mit nur geringer Entlohnung ein vermindertes Wohlempfinden hervorruft. Herz-Kreislauf-Erkrankungen, leichte psychische Störungen bis hin zu Depressionen sind die Folge (Nerdinger et al., 2019, S. 579).

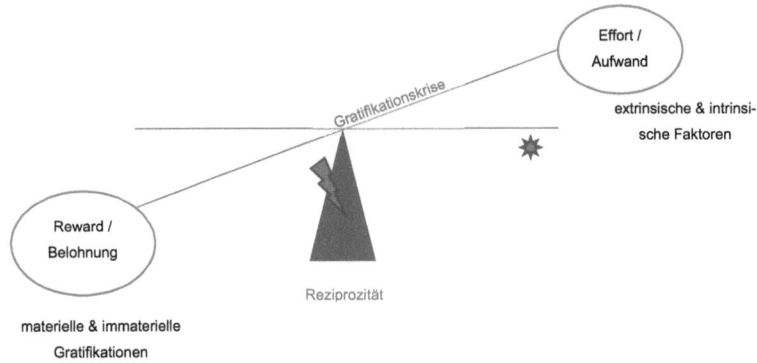

Abbildung 4: Das Effort-Reward-Imbalance Modell. Ein Ungleichgewicht entsteht bei Verletzung der Reziprozität.
(Quelle: Eigene Darstellung, in Anlehnung an Buruck et al., 2011, S. 41; Siebenhüner, Kratky & Rothmund, 2016, S. 8)

Wie in Abbildung 4 bildlich als Art Waagschale hinsichtlich Arbeit und Gesundheit dargestellt, wiegt auf der einen Seite des Modells der *Effort* mit extrinsischen Faktoren, wie Verantwortungsspielraum, Zeitdruck oder Arbeitsanforderungen. Hinzu kommen nach Sigrist nun auch intrinsische Merkmale eigener Bewältigungskompetenzen und Kontrollüberzeugung, sowie Anstrengung, Bemühungen oder auch Verausgabungen beim Erledigen einer Tätigkeit. Auf der anderen des *Reward* wiegt sich Belohnung und Gegenleistung für das Erbrachte ab. Dabei inkludiert jener Ertrag nicht nur monetäre Entlohnung, sondern auch immatrielle sozioemotionale und statusbezogene Gratifikationen. Gratifikationskrisen entstehen bei Verletzung der Reziprozität (Siebenhüner et al., 2016, S. 7–8). Wichtige Tätigkeitsmerkmale um Gratifikationskrisen entgegen zu kommen sind gemäß Schuler (2007) große Tätigkeitsspielräume, vollständige Aufgaben, hohe Anforderungen an eigenständiges Denken, sowie die Möglichkeit planen und entscheiden zu können gekoppelt mit ausreichend Platz für Kommunikation und Kooperation (S. 238).

Das ERI-Modell wurde in den vergangenen zwei Jahrzehnten anhand zahlreicher, internationaler Quer- und Längsschnittstudien empirisch belegt und als sehr wirkungsstark zur Vorhersage somatischer und psychischer Krankheiten konstatiert. Eine Längsschnittstudie unter Beamten zeigt beispielsweise, dass eine 5 Jahre andauernde Gratifikationskrise das Risiko koronarer Herzkrankheiten um mehr als verdoppelte (Nerdinger et al., 2019, S. 579). Weitere empirische Forschungsarbeiten belegen, dass Frauen häufiger in Gratifikationskrisen fallen als Männer, da sie eher Beziehungsaktivitäten in ihren Job und der Unternehmung einbringen als ihre männlichen Pendants. Da jene sozialen Beiträge weniger anerkannt und entlohnt werden, führt dies zu negativen Konsequenzen des weiblichen Wohlbefindens (Gemmiti & Klumb, 2011, S. 269). Allein aus psychobiologischer Perspektive gibt es noch Forschungsbedarf, um eindeutige psychobiologische Mechanismen für die Entstehung des Ungleichgewichts im ERI und Risikofaktoren identifizieren zu können. Als biologische Marker spielen bis dato Bluthochdruck, Herzfrequenz sowie Herzfrequenzvariabilität eine kennzeichnende Rolle (Preckel, 2005, S. 16).

Job Demands-Resources Modell

Als Erweiterung der zwei oben genannten Risikomodelle etablierte sich das Job Demands-Resources Modell (JDR) nach Bakker und Demerouti (2007) in der arbeitsplatzbezogenen Stressforschung. Das JDR-Modell passt sich an die unterschiedlichen Bedingungen der Arbeitssituation in einer Unternehmung flexibel an, indem es sowohl Anforderungen und

Risikofaktoren *(demands)* berücksichtigt und neu auch die Ressourcensituation *(resources)* mit einem breiten Blickfeld mit einbezieht (Buruck et al., 2011, S. 43). Das Modell fungiert auch unter der deutschen Bezeichnung des Arbeitsanforderungen-Arbeitsressourcen-Modells (Niemann, 2019, S. 18). Arbeitsanforderungen und Ressourcen schließen physische, psychologische, soziale als auch organisationale Aspekte mit ein (Nerdinger et al., 2019, S. 579–580). Demerouti et al. zeigen mit ihrem Modell auf, dass Arbeitsanforderungen und -ressourcen zwei unterschiedliche Prozesse in einer Person in Gang setzen können. Die zwei Variablen können dabei eigenständig als auch in Interaktion miteinander auftreten. Je nachdem beeinflussen sie die Gesundheit eines Individuums negativ, wenn die Tätigkeitsanforderungen einen zu hohen Anspruch für das Individuum darstellen und dadurch Stress entsteht. Jener Prozess fördert bspw. Burnoutsymptome und führt generell zur Abnahme des „organisationalen Outcomes" (Nerdinger et al., 2019, S. 580). Mit Bezug auf das Transaktionale Stressmodell von Lazarus, führt auf der anderen Seite der sogenannte „motivationale Prozess" (Buruck et al., 2011, S. 43) zu gesteigertem psychischen und physischem Wohlbefinden. Er erhöht das Abeitsengagement und letztendlich die Arbeitsleistung. Arbeitsanforderungen, die Stress hervorrufen würden, können damit abgefedert und die Gesundheit gestärkt werden (Kauffeld, 2014, S. 317–318; Nerdinger et al., 2019, S. 579–580). Bei letzterer Variante können beispielsweise arbeitsplatzbezogene Ressourcen, wie Unterstützung durch Vorgesetzte/ Kollegen, angemessene Tätigkeitsspielräume oder eine gute Feedbackkultur sowie ein ansprechendes Arbeitsklima darüber hinaus andere, negative Gesundheitseinwirkungen des Jobs auffangen (Karim, Aghoutane & Kamal, 2014, S. 39). Von den personenbezogenen Ressourcen aus betrachtet wird der motivationale Prozess insbesondere dann angeregt, wenn elementare psychische Bedürfnisse befriedigt werden. Als Beispiel werden Autonomie, Kompetenz sowie Anschluss an Peers genannt (Nerdinger et al., 2019, S. 580). Die beschriebenen Konstellationen des JDR-Modells und ihre Ausprägungen sind in Abbildung 5 dargestellt.

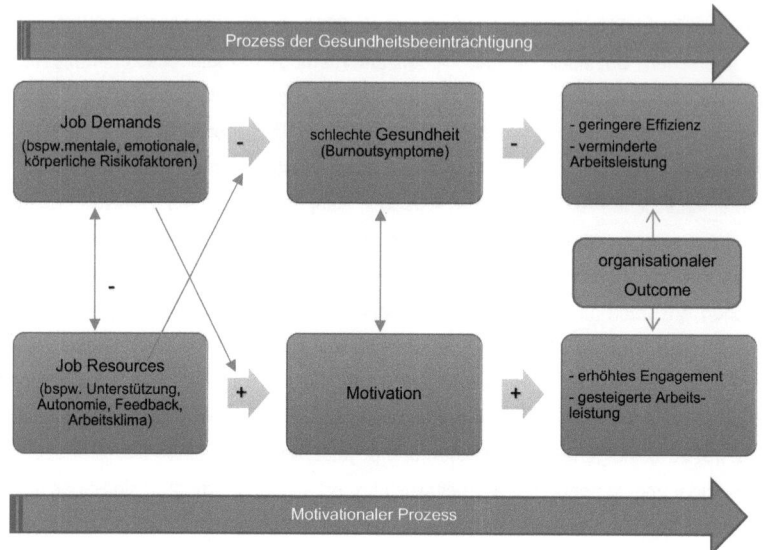

Abbildung 5: Das Job Demands-Resources Modell unterscheidet nach Anforderungen und Ressourcen. Je nach Ausprägung können die beiden Variablen die zwei Prozesse in positiver oder negativer Richtung beeinflussen.
(Quelle: Eigene Darstellung, in Anlehnung an Buruck et al., 2011, S. 44; Niemann, 2019, S. 19)

Dank einer Vielzahl valider, aussagekräftiger Studienergebnisse zu den gezeigten Wirkungs-zusammenhängen etablierte sich das JDR-Modell erfolgreich in der Arbeitspsychologie und Praxis. Der Fokus verschiebt sich auch hier von „pathogener Endpunkte" (Gusy, Wörfel & Loh-mann, 2016, S. 41) hin zu salutogenetischer Sichtweise wie Merkmale des Wohlbefindens, Lebensqualität oder Engagement die interessieren. Das JDR enthält solch interessierende Va-riablen zur Gesundheit und lässt sich darüber hinaus noch erweitern. So zogen beispielsweise Bakker, Demerouti, De Boer und Schaufeli (2003) das Modell heran, um dessen Wirkungszu-sammenhänge unter Call-Center-Agenten in den Niederlanden zu überprüfen. Die Studie be-stätigt, dass Anforderungen bzw. Belastungen im Job zuverlässig daraus korrelierende Ge-sundheitsprobleme vorhersagen können, die wiederum positiv mit einer Absentismusrate kor-relieren. Auch der zweite Wirkungsprozess von Tätigkeitsressourcen auf Arbeitsengagement, organisationalen Outcome (beide in positiver Richtung) oder Fluktuationsabsichten (negativ) kann bestätigt werden. Zu erwähnen ist, dass sich Studien nicht nur auf die Methode der sub-jektive Einschätzungen zur Datenerfassung finden, sondern Anforderungen und Ressourcen am Arbeitsplatz auch mittels objektiver Beobachtung erhoben wurden (Nerdinger et al., 2019, S. 580). Weg von der klassischen Arbeitswelt wurde das JDR-Modell beispielsweise auch unter StudentInnen erprobt. Auch in diesem Bereich ist von Interesse, welche Einflussgrößen ein Burnout von StudentInnen ankündigen sowie aus positiver Sicht, welche Variablen günstigen Einfluss auf Engagement und Motivation haben (Gusy et al., 2016, S. 41–50). Gusy et al. (2016) kann belegen, dass analog zur Arbeitswelt, Ressourcen im Studium sowie Anforderungen[2] Wohlbefinden sowie Engagement beeinflussen: „...ein gesundheitsbeeinträchtigender Pfad von Anforderungen auf das Wohlbefinden mediiert durch Erschöpfung und ein motivationaler Pfad von Ressourcen auf das Wohlbefinden mediiert über Engagement" (S. 50).

Diskussion

Zum einen können die vorgestellten Modelle für ein betriebliches Gesundheitsmanagement herangezogen werden. Zum anderen eignen sie sich für Rehabilitation und gesundheitsbezogene Präventionsmaßnahmen, wo u.a. Stressoren abgebaut und Ressourcen aufgebaut werden sollen. In der Praxis wird für letzteres gern auf das relativ junge JDR-Modell zurückgegriffen (Ohly & Zapf, 2009, S. 346–347). Dank seiner breiteren Perspektive und insbesondere ressourcenorientiertem Ansatz eignet es sich zur Analyse von Arbeitsbedingungen in der heutigen Zeit, um psychosoziale Risiken aufzudecken (Buruck et al., 2011, S. 44). Sein motivationaler Pfad lässt sich zur Vorhersage von organisationalem Outcome und Arbeitsengagement heranziehen. Damit gibt es nicht nur für die Prävention sinnvollen Input, sondern generell für die Gestaltung von Arbeitsplatzbedingungen auch nach Rückkehr eines Arbeitnehmers aus der Rehabilitation. Für einen Rehabilitanden ist es wichtig, dass eine Rückkehr ins Arbeitsleben ermöglicht wird. Dies ist umso erfolgsversprechender, wenn ihm die Arbeitsbedingungen entsprechen und sie ihm förderlichen Sinne an seine Situation angepasst sind. Um in der Rehabilitation zu bleiben, könnten dort anhand Erkenntnisse individueller Bewältigungsstrategien, spezifisch am Verhalten und Erwerb neuer Kompetenzen des Rehabilitanden gearbeitet werden, um in Zukunft Dysbalancen zu vermeiden und Stressoren abzuwenden (Ohly & Zapf, 2009, S. 346–353).

Für die Rehabilitation von Relevanz, zeigt das JDC-Modell, dass psychosozialer Stress am Arbeitsplatz nicht nur Personen in Führungspositionen tangiert, sondern alle Arbeitnehmer - aufgrund des oft engen Entscheidungsspielraumes erst recht die Arbeiterschicht. Dank des Modells konnten Risikofaktoren beispielsweise koronarer Herzkrankheiten hergeleitet werden und für die Rehabilitation bzw. Prävention der Arbeitsmedizin integriert werden. Karasek vernachlässigt die persönliche Interpretation als Stressdeterminante und fokussiert auf systemische Faktoren am Arbeitsplatz. Stressoren kommen ebenso von ‚außen' und sind dadurch kontrollierbar. Für die Prävention liefert das JDC Denkanstöße zur Vermeidung arbeitsbedingter Gesundheitsgefahren im Sinne bspw. neuer Managementstrategien oder der Bedeutung

---

[2] Ressourcen wie bspw. soziale Unterstützung von Kommilitonen oder Lehrpersonen sowie Anforderungen wie bspw. Zeitdruck, Unvereinbarkeit von Privatleben und Studium.

von Motivation am Arbeitsplatz (Friedel, 2002, S. 83-84). Dank seiner Lern-Hypothese des JDC-Modells könnte ein Arbeitsplatz von vornherein gesundheitsförderlich gestaltet werden (Buruck et al., 2011, S. 44). Motivierende Zielvorgaben auf Basis beidseitigem Einverständnis als ‚tatsächliches' Mitspracherecht eines Arbeitnehmers begünstigen organisationalen Outcome und Gesundheit. Regelmäßige Zielvereinbarungen zwischen Arbeitnehmer und Vorgesetzten können helfen, Widersprüche zwischen Arbeitsalltag und theoretischen Anforderungen aufzudecken. Neben Zielvereinbarungen als Teil regelmäßiger Mitarbeitergespräche, wären Job Rotation Programme oder Beteiligungen an betrieblichen Planungsprozessen Tools aus umfassenden Personalentwicklungskonzepten (Ohly & Zapf, 2009, S. 350–351). Um bei der ‚laufenden' Mitarbeiterführung zu bleiben, kann das ERI behilflich sein, um eine faire und wertschätzende Mitarbeiterführung zu gewährleisten. Gratifikationskrisen im Modell können aufgrund einer (auch subektiven) Dyade zwischen Mitarbeiter und Vorgesetztem entstehen. Das Modell zeigt, dass neben einer monetären Variante im Ertrag auch eine immatrielle, wie soziale Anerkennung, Wertschätzung, Beförderung oder Statussicherheit berücksichtigt werden sollte (Gemmiti & Klumb, 2011, S. 268-269). In der Praxis wird das ERI-Modell gern zur Entwicklung präventiver Maßnahmen betrieblicher Gesundheitsförderung herangezogen, da es beim Blick auf belastende Bedingungen am Arbeitsplatz den Fokus auf soziale Perspektiven legt. Von Vorteil ist weiter, dass dank des ERI nicht nur Belastungen, sondern auch Bewältigungsproblematiken einer Person erfasst werden (Buruck et al., 2011, S. 41). Diese können, wie weiter oben erwähnt, in der Rehabilitation von Bedeutung sein, aber auch bereits im Bewerbungsprozess bei einer Vakanz mitberücksichtigt werden. Bereits bei der Mitarbeiterauswahl können Anforderungen der zu besetzenden Stelle in einem AC miteinbezogen und getestet werden. Dies zeigt, wie der jeweilige Kandidat mit möglichen Stresssituationen umgehen würde.

Anlagen

Anlage 1: Score der ICF.

(Quelle: Deutsches Institut für Medizinische Dokumentation und Information, 2012, S. 27)

Lesehinweis: „xxx" entspricht dem Domänenkode der zweite Gliederungsstufe:

xxx.0 Problem nicht vorhanden

xxx.1 Problem leicht ausgeprägt

xxx.2 Problem mäßig ausgeprägt

xxx.3 Problem erheblich ausgeprägt

xxx.4 Problem voll ausgeprägt

xxx.8 nicht spezifiziert

xxx.9 nicht anwendbar

Literaturverzeichnis

Adam-Keßler, U. & Köllner, V. (2021). 9.2. Medizinisch-beruflich orientierte Rehabilitation (MBOR). In Adam-Keßler, U., Ågren, C. C. & Aigner, P. (Hrsg.), *Praxishandbuch Psychosomatische Medizin in der Rehabilitation* (1. Auflage, S. 324–328). München: Elsevier.

Bagozzi, D. (2001). WHO publishes new guidelines to measure health. Zugriff am 21.12.2021. Verfügbar unter: https://www.who.int/news/item/15-11-2001-who-publishes-new-guidelines-to-measure-health

Bamberg, E., Keller, M., Wohlert, C. & Zeh, A. (2006). BGW_Stresskonzept. Berufsgenossenschaft für Gesundheitsdienst und Wohlfahrtspflege (BGW). Zugriff am 11.12.2021. Verfügbar unter: https://www.bgw-online.de/resource/blob/18086/81e-eca5953ef2fa0686f26bf4ea4ddb8/bgw08-00-000-stresskonzept-das-arbeitspsychologische-stressmodell-data.pdf

Bassler, M. & Köllner, V. (2021). 1. Einführung. In Adam-Keßler, U., Ågren, C. C. & Aigner, P. (Hrsg.), *Praxishandbuch Psychosomatische Medizin in der Rehabilitation* (1. Auflage, S. 1–6). München: Elsevier.

Baumann, R. (2019). Studienbrief: Einführung in die Rehabilitationspsychologie - Titel-Nr. 1344-02. Riedlingen.

Baumann, R. & Schröder, P. (2019). Studienbrief: Spezielle Themen und Praxisfelder der Rehabilitationspsychologie - Titel-Nr. 1510-01. Riedlingen.

Baumeister, H. (2009). Behandlungsmotivation. In Bengel, J. & Jerusalem, M. (Hrsg.), *Handbuch der Gesundheitspsychologie und medizinischen Psychologie* (S. 378–386). Göttingen: Hogrefe.

Becker, K. & Bengel, J. (2009). Belastungs- und Anpassungsstörung. In Bengel, J. & Jerusalem, M. (Hrsg.), *Handbuch der Gesundheitspsychologie und medizinischen Psychologie* (S. 416–426). Göttingen: Hogrefe.

Burger, M. (2020). *Lernwelt Mobbing: Auswirkungen von Mobbing auf das System Familie* (Lernweltforschung). Wiesbaden [Heidelberg]: Springer VS.

Buruck, G., Nebel, C., Richter, P. & Wolf, S. (2011). Arbeit und Gesundheit – Risiken, Ressourcen und Gestaltung. In Bamberg, E., Ducki, A. & Metz, A.-M. (Hrsg.), *Gesundheitsförderung und Gesundheitsmanagement in der Arbeitswelt: ein Handbuch* (S. 25–60). Göttingen Bern Wien: Hogrefe.

Cooper, C. L., Quick, J. C. & Schabracq, M. (Hrsg.). (2009). *International handbook of work and health psychology* (3rd ed.). Chichester, UK ; Malden, MA: Wiley-Blackwell.

Deutsches Institut für Medizinische Dokumentation und Information (Hrsg.) (DIMDI). (2012). *ICF - Internationale Klassifikation der Funktionsfähigkeit, Behinderung und Gesundheit* (Unveränd. Nachdr.). Köln: DIMDI.

Dorsemagen, C. & Krause, A. (2011). Gesundheitsförderung für Lehrerinnen und Lehrer. In Bamberg, E., Ducki, A. & Metz, A.-M. (Hrsg.), *Gesundheitsförderung und Gesundheitsmanagement in der Arbeitswelt: ein Handbuch* (S. 561–580). Göttingen Bern Wien: Hogrefe.

Erken, J., Kaluza, G. & Renneberg, B. (2009). Stress. In Bengel, J. & Jerusalem, M. (Hrsg.), *Handbuch der Gesundheitspsychologie und medizinischen Psychologie* (S. 139–146). Göttingen: Hogrefe.

Faltermaier, T. (2017). *Gesundheitspsychologie* (Grundriss der Psychologie) (2., überarbeitete und erweiterte Auflage.). Stuttgart: Verlag W. Kohlhammer.

Farin, E. & Stein, B. (2009). Strukturelle Rahmenbedingungen der Gesundheitsversorgung in der Rehabilitation, im Liaisondienst und im Bereich der Selbsthilfe. In Bengel, J. & Jerusalem, M. (Hrsg.), *Handbuch der Gesundheitspsychologie und medizinischen Psychologie* (S. 404–415). Göttingen: Hogrefe.

Friedel, H. (2002). *Handlungsspielraum, psychische Anforderungen und Gesundheit: das Arbeitsunfähigkeitsgeschehen: Auswertungsperspektiven auf dem Hintergrund des Job-Demand-Control-Modells* (Betriebliches Gesundheitsmanagement und Prävention arbeitsbedingter Gesundheitsgefahren) (1. Aufl.). Bremerhaven: Wirtschaftsverl. NW, Verl. für neue Wiss.

Fuchs, R. & Gerber, M. (Hrsg.). (2018). *Handbuch Stressregulation und Sport* (Springer Reference Psychologie). Berlin [Heidelberg]: Springer. https://doi.org/10.1007/978-3-662-49322-9

Gemmiti, M. & Klumb, P. (2011). Harmonisierung von Berufs- und Privatleben: Vorsicht vor schnellen Lösungen. In Bamberg, E., Ducki, A. & Metz, A.-M. (Hrsg.), *Gesundheitsförderung und Gesundheitsmanagement in der Arbeitswelt: ein Handbuch* (S. 259–278). Göttingen Bern Wien: Hogrefe.

Gündel, H., Hildenbrand, G. & Köllner, V. (2021). 2.4 Psychosomatische Rehabilitation in Abgrenzung zur Krankenhausbehandlung. In Adam-Keßler, U., Ågren, C. C. & Aigner, P. (Hrsg.), *Praxishandbuch Psychosomatische Medizin in der Rehabilitation* (1. Auflage, S. 19–26). München: Elsevier.

Gusy, B., Wörfel, F. & Lohmann, K. (2016). Erschöpfung und Engagement im Studium. *Zeitschrift für Gesundheitspsychologie, 1*(24), 41–53. https://doi.org/10.1026/0943-8149/a000153

Hamborg, K.-C., Holling, H. & Greif, S. (Hrsg.). (2003). *Innovative Personal- und Organisationsentwicklung*. Göttingen Bern: Hogrefe.

Hoppe, D., Kauffeld, S. & Ochmann, A. (2014). Arbeit und Gesundheit. In Kauffeld, S. (Hrsg.), *Arbeits-, Organisations- und Personalpsychologie für Bachelor* (2., überarb. Aufl., S. 305–349). Berlin: Springer.

Jersusalem, M. (2009). Ressourcenförderung und Empowerment. In Bengel, J. & Jerusalem, M. (Hrsg.), *Handbuch der Gesundheitspsychologie und medizinischen Psychologie* (S. 175–187). Göttingen: Hogrefe.

Kaluza, G. (2015). *Stressbewältigung: Trainingsmanual zur psychologischen Gesundheitsförderung; mit 88 Abbildungen und 15 Tabellen* (Psychotherapie: Praxis) (3., vollständig überarbeitete Auflage.). Berlin: Springer.

Karim, A., Aghoutane, A. & Kamal, J. (2014). Studienbrief: Gesundheitskommunikation und -förderung - Titel-Nr. 1128-01. Riedlingen.

Lazarus, R. S. & Folkman, S. (1984). *Stress, appraisal, and coping* (11. [print.].). New York: Springer.

Lyubomirsky, S. (2013). *The myths of happiness: what should make you happy but doesn't, what shouldn't make you happy but does.* New York: Penguin Press.

Meyer, A.-H. (2004). *Kodieren mit der ICF: Klassifizieren oder Abklassifizieren? Potenzen und Probleme der „Internationalen Klassifikation der Funktionsfähigkeit, Behinderung und Gesundheit"; ein Überblick* (Edition S). Heidelberg: Winter.

Morgenroth, S. (2015). *Lehrerkooperation unter Innovationsstress: soziale Stressbewältigung als wertvoller Wegweiser.* Wiesbaden: Springer VS.

Myers, D. G. (2014). *Psychologie* (3. Auflage). Berlin: Springer.

Niemann, D. (2019). *Die Rolle des Partners und der Partnerin bei der Bewältigung arbeitsbedingter Belastungen: Der interaktive Prozess der sozialen Unterstützung in Paarbeziehungen* (Gesundheitspsychologie) (1. Auflage 2019.). Wiesbaden: Springer Fachmedien Wiesbaden GmbH.

Noyon, A. & Heidenreich, T. (2013). *Schwierige Situationen in Therapie und Beratung: 30 Probleme und Lösungsvorschläge* (2., erw. Aufl.). Weinheim Basel: Beltz.

Ostholt-Corsten, M. (2021). 2.3. ICF-Orientierung der Rehabilitation. In Adam-Keßler, U., Ågren, C. C. & Aigner, P. (Hrsg.), *Praxishandbuch Psychosomatische Medizin in der Rehabilitation* (1. Auflage, S. 14–18). München: Elsevier.

Preckel, D. (2005). *Effort-reward-imbalance, overcommitment and employee's health: Testing the validity of the ERI model.* Zürich: University of Zurich.

Schuler, H. (Hrsg.). (2007). *Lehrbuch Organisationspsychologie* (Psychologie-Lehrbuch) (4., aktualisierte Aufl.). Bern: Huber.

Schaper, N. (2019). Wirkungen der Arbeit. In Nerdinger, F. W., Blickle, G. & Schaper, N. (Hrsg.), *Arbeits- und Organisationspsychologie* (4., vollst. überarb. Aufl., S. 573–600). Berlin: Springer.

Siebenhüner, S., Kratky, N. & Rothmund, T. (2016). *Berufserfolg und Gesundheit: eine empirische Analyse der Einflussfaktoren Führungsverhalten und emotionale Stabilität* (BestMasters). Wiesbaden: Springer. https://doi.org/10.1007/978-3-658-12816-6

Strubreither, W., Neikes, M., Stirnimann, D., Eisenhuth, J., Schulz, B. & Lude, P. (2015). *Klinische Psychologie bei Querschnittlähmung: psychologische und psychotherapeutische Interventionen bei psychischen, somatischen und psychosozialen Folgen.* Wien: Springer.

Ohly, S. & Zapf, D. (2009). Prävention in Organisationen. In Bengel, J. & Jerusalem, M. (Hrsg.), *Handbuch der Gesundheitspsychologie und medizinischen Psychologie* (S. 346–354). Göttingen: Hogrefe.

Wenzel, T.-R. & Morfeld, M. (2016). Das biopsychosoziale Modell und die Internationale Klassifikation der Funktionsfähigkeit, Behinderung und Gesundheit: Beispiele für die Nutzung des Modells, der Teile und der Items. *Bundesgesundheitsblatt - Gesundheitsforschung - Gesundheitsschutz, 59*(9), 1125–1132. https://doi.org/10.1007/s00103-016-2401-0

Wenzel, T.-R. & Morfeld, M. (2017). Nutzung der ICF in der medizinischen Rehabilitation in Deutschland: Anspruch und Wirklichkeit. *Bundesgesundheitsblatt - Gesundheitsforschung - Gesundheitsschutz, 60*(4), 386–393. https://doi.org/10.1007/s00103-017-2517-x

WHO. (2002). Towards a Common Language for Functioning, Disability and Health ICF.

Wirtz, M. A. (Hrsg.). (2017). *Dorsch - Lexikon der Psychologie* (18. Auflage). Bern: Hogrefe.

Wolf-Kühn, N. & Morfeld, M. (2016). *Rehabilitationspsychologie* (Basiswissen Psychologie). Wiesbaden: Springer.